Cómo Hacer Dinero con Bienes Raíces en EUA

Luis Salavarría

Contenido

Introducción

Hola, bienvenido a este curso básico sobre inversión en bienes raíces en Estados Unidos. Mi nombre es Luis Salavarria y soy inversionista en bienes raíces desde hace más de 16 años.

Te voy a hablar de mi experiencia, y quiero que sepas que todas las cosas que vas a aprender acá yo las he hecho; no es solo teoría, son aprendizajes de mi experiencia práctica. Como te dije, tengo más de 16 años trabajando e invirtiendo en bienes raíces. Comencé mi carrera construyendo un conjunto pequeño de 5 casas, y a partir de ahí he realizado más de 50 transacciones. En este momento tengo 29 unidades de vivienda y estoy en proceso de compra de otras 72. La mayoría de estas unidades son multifamiliares, aunque también cuento con algunas unifamiliares. Además, he pasado por varios tipos de negocio dentro del ámbito de bienes raíces. La mayoría de estos conceptos serán explicados aquí y otros serán explicados en libros más avanzados.

Los tipos de negocio que he hecho son, por ejemplo, construcción, remodelación y venta, venta de contratos, rentas de corto plazo (lo que se conoce como Airbnb), rentas de largo plazo, financiamiento dueño a dueño y últimamente estoy adquiriendo propiedades multifamiliares. Mi objetivo es enseñarte cómo puedes generar ingresos extras invirtiendo en bienes raíces. Mi meta con este curso es responder las preguntas más frecuentes, esas que yo tuve también al principio. Espero cubrir los conceptos más básicos y luego ir usando ese conocimiento como base para conceptos más avanzados.

De esa manera, vamos a hablar de los conceptos básicos más comunes que hay en bienes raíces. Por ejemplo, los tipos de propiedades que existen; las ventajas y desventajas de comprar propiedades residenciales; las ventajas y desventajas de comprar propiedades comerciales; por dónde debes empezar; en qué tipo de negocio o nicho te puedes especializar (remodelar y vender, compra y rentar, etc.). Te voy a comentar también sobre el recurso que más tienes, ya sea tiempo o dinero, para ver cuál tipo de negocio sería más adecuado a tu situación. Hablaremos del tipo de entidad legal que puedes usar. Puedes dejar las propiedades a tu nombre o ponerlas a nombre de alguna empresa controlada por ti, por ejemplo. Con respecto a eso, vamos a presentar una de las mejores estructuras legales para tener en tu negocio. Vamos a ver quiénes deberían formar parte de tu equipo y cómo puedes conseguir conformarlo a través de recomendaciones. Otra cosa importante que vamos a discutir es lo que cuesta la remodelación, en caso de que sea necesaria. Luego veremos cómo calcular el valor de mercado de una propiedad. También voy a enseñarte cómo saber cuánto pagar por esa propiedad. Después vamos a hablar sobre el tipo de negocio que es bienes raíces -esto es, mercadeo y ventas-. ¡Esa parte va a ser muy interesante! Hablaremos igualmente de hacer mercadeo para bienes raíces y de las diferentes maneras de mercadear para conseguir propiedades que puedan ser buenos negocios.

También vamos a hablar de las mejores formas de conocer a otras personas en bienes raíces y de la importancia de hacer conexiones estratégicas. Luego vamos a ver cuáles serían tus primeros pasos a tomar, como meterte en grupos de inversión en Facebook o relacionarte con otros inversionistas, por ejemplo; y otras actividades iniciales. Voy a ayudarte a avanzar y a enseñarte cómo seguir hacia adelante, inclusive, cuando piensas que no estás avanzando. Aquí vamos a ver una serie de cosas bien simples para ayudarte a mantener el enfoque. Por último, vamos a discutir las ideas finales. El objetivo es, por supuesto, darte herramientas para empezar tu carrera como inversionista en bienes raíces.

Bueno, vamos a hacer una pausa sólo para enfocarnos. A través de este libro vamos a ir haciendo pausas cada cierto tiempo. La idea es ir midiendo tus conocimientos y hacer que este libro sea más interesante. Quiero que sepas que mi intención es darte las herramientas necesarias para que puedas empezar a invertir en bienes raíces, inclusive si no sabes nada del asunto. Entonces, no importa si tienes un poco de experiencia o no tienes ninguna, la intención es que vayas construyendo tu base de conocimientos y la pongas en práctica.

Para entender mejor la industria hay que conocer los términos más comunes. No vamos a emplear mucho tiempo en estos conceptos individuales; lo más importante es que existen muchos tipos de negocios dentro de la industria de bienes raíces y los conceptos más importantes y relevantes a este curso serán explicados en su contenido. Sin embargo, hemos elaborado un glosario de muchos conceptos y lo puedes encontrar en el grupo de Facebook *Invirtiendo en Bienes Raíces en EUA.*

Ahora bien, vamos a comenzar.

Mi trayecto en bienes raíces

Vamos a comenzar por el principio. Hace unos años tuve la oportunidad de leer el libro de Robert Kiyosaki *Padre Rico Padre Pobre* y me impactó mucho, ya que me di cuenta de lo diferente que puede ser la enseñanza y el aprendizaje de dos personas distintas allegadas a ti y que te quieren. Con ese libro entendí que la gran mayoría de millonarios en el mundo tienen parte de su fortuna en bienes raíces (ya sea porque la han creado en esa área directamente o porque han invertido en bienes raíces después de hacer fortuna en otros negocios). Por eso te digo que nunca es tarde para empezar a invertir en bienes raíces. Espero sinceramente que puedas usar este libro para que empieces o sigas tu camino como inversionista. Igualmente, te invito a que me sigas en Instagram *@leso195*, en Facebook como *https://www.facebook.com/luis.salavarria.35*, en mi canal de YouTube *Luis Salavarria* y en Tik Tok *@luissalavarria247*.

¿Qué son los bienes raíces? La definición es que son los bienes que no se pueden mover, o sea, bienes inmuebles. Eso incluye el terreno y cualquier edificación que exista o se construya en esa tierra, pero también se refiere a recursos naturales o minerales que se encuentran allí, como lagos, árboles o animales.

Existen esencialmente dos tipos importantes de propiedades: las residenciales y las comerciales. Las residenciales son las destinadas para vivir en ellas y las comerciales son las que tienen como objetivo generar un retorno financiero. Vale la pena decir aquí que una propiedad residencial que esté rentada todavía sigue siendo denominada residencial, aunque produce un retorno, ya que así fue concebida desde su inicio.

Hablando específicamente de las propiedades comerciales, existen muchos tipos y ellos incluyen terrenos, hospitales, centros comerciales, oficinas; así como también galpones industriales, tiendas al detal, restaurantes y viviendas multifamiliares o lo que se llama edificios, condominios o complejos de apartamentos.

Ya que hablamos sobre las propiedades residenciales y las comerciales podemos hablar también de sus ventajas. Las ventajas de comprar propiedades residenciales son varias. Esta es una manera fácil de comenzar a invertir. Una de las ventajas más importantes es que la capacidad de apreciación es mayor en este tipo de propiedades. Una recomendación para encontrar propiedades con más capacidad de apreciación es evitar viviendas en lugares donde hay mucha edificación de grandes constructoras. La razón es que este tipo de compañías construyen muchas viviendas y tienen un tabulador de precios donde se fija, hasta cierto punto, a qué precio se van a vender las propiedades. Por ejemplo, si compras una casa nueva de una de estas compañías de construcción por 250.000 dólares y ellos siguen vendiendo también por ese mismo precio durante varios años es muy difícil que tu casa pueda valer más de esos 250.000, o cerca ese precio, dos, tres o hasta cuatro años después. Por eso es mejor concentrarse en áreas donde no haya tanto espacio para construcción nueva y donde haya cerca cosas importantes como buenas escuelas, centros de trabajo, centros de comercio, etc.

Entonces, volviendo a las ventajas de comprar viviendas residenciales, estas propiedades tienen bastantes opciones de financiamiento. Puedes buscar opciones convencionales, pero también verifica si existen programas gubernamentales que te permitan comprar con menos depósito de entrada o que tengas mejores condiciones de interés. En general, el alquiler de una propiedad unifamiliar es mayor que una propiedad del mismo tamaño pero que está en un complejo multifamiliar. Lo que significa eso es que si tú tienes una unidad del mismo tamaño en un complejo multifamiliar, se va a alquilar por menos que una casa unifamiliar del mismo tamaño. Esto se debe a que en general la vivienda unifamiliar tiene más espacio, no sólo internamente, sino que también tiene jardín, garaje, una entrada no compartida, etc. En general, es relativamente fácil deducir el valor de una propiedad unifamiliar, porque depende del valor de venta de propiedades que sean comparables en la misma área.

Las desventajas de comprar viviendas unifamiliares son varias. No tienes un negocio fácilmente escalable. Tienes que comprar una vivienda por vez y eso significa ahorrar para tener suficiente para cubrir todos los costos iniciales. En eso te puedes tardar bastante tiempo. Es más riesgoso tener propiedades unifamiliares, ya que si tu inquilino deja de pagar por alguna razón pierdes el 100% de tu ingreso. Eso significa que si no hay inquilino, no tienes ingreso. El flujo de caja que puede generar una sola casa no es tan alto (puede ser de 200 a 500 dólares, si tienes suerte) y si hay alguna reparación mediana como un calentador de agua o una unidad de aire acondicionado, se come una buena parte de los ingresos generados. O sea, que si tienes que reparar una unidad de aire acondicionado, por ejemplo, es probable que esa reparación se lleve tus ingresos de todo un año. Además, si no tienes administrador de propiedades el inquilino te llama a ti directamente, lo cual es desgastante y puede ser incluso riesgoso. Yo conozco el caso de un inversionista que administraba sus propias casas y tuvo una discusión con uno de sus inquilinos que no pagaba su renta. Tuvieron un altercado, el inquilino le disparó ¡y al final el señor resultó muerto!

Yo mismo pasé por un problema al tener que desalojar una inquilina que no pagaba, y no es una buena experiencia. Era una persona que había sido verificada, que pagaba sus cuentas y tenía un buen historial de crédito. Sin embargo, la gente puede caer en problemas y si uno no sabe cómo actuar rápidamente, el problema crece y se pone peor. Si hubiera tenido un buen administrador el problema hubiera sido mucho menos costoso.

Las ventajas que tiene comprar propiedades comerciales también son muchas. Una de ellas es que el préstamo del banco depende del ingreso generado por la propiedad y no de la persona individual que efectúe la compra. Otro punto importante es que el valor de la propiedad es basado en la ganancia que produce; por lo tanto, si somos capaces de incrementar el ingreso producido por una propiedad estaremos de esa manera incrementando su valor total. El beneficio es más estable. Si un inquilino deja de pagar en una vivienda unifamiliar, el 100% del ingreso se pierde. Pero si un inquilino no paga en un complejo de 100 viviendas, apenas representa el 1% del ingreso; por lo tanto, la ganancia no se ve tan afectada como en el caso de una vivienda unifamiliar. El trabajo o esfuerzo que se necesita poner en principio para comprar una propiedad comercial es comparable al trabajo que se pone al principio para adquirir una propiedad unifamiliar. Sin embargo, al final terminas con muchas más unidades cuando compras una unidad multifamiliar.

Las desventajas de comprar propiedades comerciales son diversas. Unas de ellas es que requieren un nivel alto de conocimiento y experticia, mayor que para las propiedades unifamiliares. Existen varios tipos de propiedades comerciales, es decir que tendrías que especializarte en uno específico desde el principio para poder invertir en este tipo de negocios. Se requiere de experiencia comprobada. Además, generalmente se necesitan sumas mayores de dinero que cuando negocias con propiedades unifamiliares. Por eso es necesario expandir tu grupo de acción e incorporar otros inversionistas; de esa manera quizás puedes comprar propiedades haciendo un grupo de inversión.

Vamos a hacer otra pausa. Espero que estés tomando notas y que estés en un lugar tranquilo para poder prestar atención. Ya vimos que hay propiedades residenciales y comerciales y sus ventajas. Espero que tus ideas estén fluyendo. Si es así, vamos a continuar.

¿Por dónde podemos comenzar?

Ahora sí nos vamos a meter en el meollo del asunto. Esta es la pregunta más importante. Quizás viste algún programa de televisión sobre bienes raíces y te llamó la atención. En todo caso, una de las cosas más importantes es definir tus metas financieras. Por ejemplo, hay gente que simplemente busca generar un ingreso extra y otras que quizás buscan reemplazar sus salarios completamente. Sea cual sea tu objetivo, calcula los detalles basado en tus necesidades. Eso significa averiguar cuál es tu número deseado. ¿Quieres generar 500 dólares extras al mes? ¡Perfecto! De esa manera puedes trazar un plan comprando una o dos propiedades que te den ese ingreso. Lo importante en esta etapa es que hagas tus cálculos personales.

Luego de hacer tus cálculos, vamos a ver cuál estrategia se alinea más a ti. ¿Tienes más tiempo o más dinero para invertir? Hazte esa pregunta y responde sinceramente para definir tu estrategia. Mientras trabajas en ese cálculo, te recomiendo ingresar o seguir a grupos de bienes raíces en Facebook, Instagram y Meetup, ya que de esa manera irás aprendiendo de bienes raíces y también podrás conocer a otras personas en la misma industria. Pronto te darás cuenta de lo importante que es ir haciendo conexiones.

Una vez que sepas si tienes más tiempo o dinero, te toca escoger un tipo de negocio. Estos son los cuatro tipos de negocio que existen en bienes raíces:

1. Remodelación y venta es el concepto más conocido, por la cantidad de programas de televisión que existen sobre el tema. Se trata simplemente de conseguir una propiedad a un costo lo suficientemente bajo para que después de hacer una remodelación se pueda vender por un precio más alto y deje una ganancia. La clave de esta estrategia es el precio de compra, que tiene que ser lo más económico posible. Más adelante vamos a ver cuál es la fórmula para saber qué tan bajo debería ser ese valor.

2. Las propiedades de renta te dan la opción de tener una entrada extra cada mes que esté rentada. Puede necesitar remodelaciones o no, pero el objetivo es quedarse con la propiedad por un tiempo prolongado. Aquí la idea es tener una entrada fija mensual.

3. La venta de contratos se trata de negociar directamente con el vendedor de una propiedad, acordar

un precio de compra y luego vender el contrato que da derecho a la compra por más dinero. Por ejemplo, digamos que logras negociar con el dueño de una casa que se la vas a comprar por 200.000 dólares. Para eso, haces un contrato de compra y venta por 200.000 dólares. Después puedes vender tu "opción de compra" por 10.000 dólares. De esa manera, el inversionista que te paga a ti los 10.000 dólares se compromete a comprar la casa por el precio de 200.000 dólares. Tú ganas 10.000 dólares sin haber comprado la casa, el inversionista gana porque puede comprar una casa sin negociar con el dueño y el vendedor gana porque puede vender su casa sin ponerla en el mercado y sin tanta burocracia. Esta opción tiene el objetivo de generar dinero en bloques. Sin embargo, para hacer esto necesitas saber cómo negociar con el vendedor directamente.

4.   El negocio de prestamista consiste en usar tu dinero y prestarlo a cambio de un interés. De esta manera puedes conseguir un ingreso pasivo en base al acuerdo logrado con la persona que recibe el dinero. O sea, te conviertes en el banco. El objetivo de esta estrategia es tener una entrada mes a mes sin los dolores de cabeza de la administración de una propiedad.

Vamos a hablar del tipo de negocio que puedes desarrollar.

El negocio de remodelar y vender puede sonar atractivo y es lo que el público en general conoce, debido a que muchos programas de televisión hablan de este tipo de cosas. Sin embargo, es una actividad que requiere tiempo y dinero. Como dijimos, consiste esencialmente en comprar una propiedad, remodelarla y venderla por más dinero para ganar una diferencia cuantiosa. Tiene riesgos considerables, porque el único valor que uno controla es el valor de compra. Si la construcción se tarda más de lo previsto o si tardas más en vender de lo esperado, los costos menos evidentes como los de mantenimiento de la propiedad (por ejemplo los impuestos, el seguro, la hipoteca del banco, el agua, la electricidad, etc.) pueden hacer bastante peso en el tiempo que eres dueño de la propiedad y comerse tu ganancia. Esto es algo que no te dicen los programas de televisión. Además, hay que conocer bastante del mercado donde se encuentra la propiedad. Por eso no es una estrategia para los que están comenzando.

El negocio de comprar propiedades de renta es un rubro donde se ubican personas que quieren un ingreso mensual extra por un tiempo largo. Requiere sumas considerables de inversión inicial. El riesgo aquí es no saber administrar la propiedad y su inquilino. Teniendo un buen administrador, el riesgo se minimiza bastante. Muchos de los problemas surgen por la mala administración, pero eso se puede atacar con un buen administrador de propiedades.

Vender contratos es otra actividad donde mucha gente se ubica porque no exige mucho dinero de entrada. Sin embargo, requiere conocimiento del mercado y saber cómo negociar con los dueños de las propiedades. También requiere que sepas de mercadeo para poder conseguir esos dueños de viviendas que estén dispuestos a vender sus propiedades a un precio menor que el valor de mercado. Puede ser una actividad muy lucrativa, una vez que se aprendan los detalles del mercado específico. Sólo requiere tiempo y saber negociar para obtener buenas ganancias.

Ser un prestamista puede ser una opción muy lucrativa y a la vez pasiva, ya que quien se encarga de la propiedad es quien la administra. Entonces, solamente te ocupas de recibir tus intereses y no de las operaciones diarias. Es como ser el banco. Hay varias maneras de poder participar como prestamista. Podrías prestarle dinero a una persona que compra y vende casas, podrías prestarle dinero a un inversionista para comprar una casa y venderla dueño a dueño. Podrías también invertir tu dinero en una propiedad multifamiliar en conjunto con otros inversionistas y dejar las operaciones a uno de los inversionistas más experimentados. Lo esencial es que otras personas se encargan de las operaciones del día a día y tú solamente te encargas de recibir tu dinero mes a mes. El riesgo aquí viene dado por la negociación establecida entre las partes. Te recomiendo ser prestamista solamente si conoces bien a la persona encargada de la propiedad y estás de acuerdo con todo lo estipulado en el acuerdo entre las partes.

Cada uno de estos tipos de negocio tiene sus pros y sus contras y por eso hay que analizar cada uno de ellos, para determinar cuál es el que realmente se ajusta mejor a tus necesidades. Así que ahora vamos a ver qué recurso tienes disponible en mayor cantidad, ¿tiempo o dinero? Esto te ayudará a escoger una estrategia de negocio más acorde a tus necesidades.

Si tienes más tiempo que dinero puedes enfocarte en aprender más de otros inversionistas o en hacer cursos en línea, por ejemplo. Acuérdate que es muy importante desarrollar buenas relaciones con diferentes personas. En esta etapa podrías inclusive asociarte a algún inversionista más experimentado. De esta manera, los tipos de negocio más alineados con tu situación serían vender contratos o asociarte con otros inversionistas y así ganar experiencia y dinero trabajando con ellos de cerca.

Si lo que tienes disponible es más dinero que tiempo, entonces hay varias estrategias a tu disposición. Todo depende de qué tan activo quieres ser y de tu tolerancia al riesgo. Remodelar y vender tiene los riesgos ya expuestos anteriormente y además es una actividad que requiere bastante de tu tiempo, sin embargo puedes ganar mucho dinero si sabes administrar bien las obras de construcción y minimizas el riesgo con un buen equipo trabajando para ti. Comprar propiedades de renta requiere dinero inicial y una buena administración. El tiempo necesario para remodelar para rentar tiende a ser menos que cuando estás remodelando para vender. En cuanto a ser prestamista, hace falta dinero así como conocimiento del negocio y de las personas que lo controlan, para asegurarte de que estás protegido desde un punto de vista legal y financiero. Una vez que el negocio esté en marcha - ya sea la compra de la propiedad, cómo será distribuida la ganancia, el tipo de inversión, etc.-, la inversión se torna pasiva.

Tienes que tener en cuenta que para desarrollar cualquiera de estas estrategias dependes de un buen equipo, y eso incluye a un contratista, un abogado y un agente de bienes raíces, entre otros profesionales.

Espero que hayas pensado en el recurso que más tienes. Si es tiempo, sabes que lo ideal sería entonces buscar a alguien a quien seguir, algún inversionista en tu ciudad, por ejemplo. Busca en Google o Facebook un grupo de inversión de bienes raíces en tu ciudad.

Si tienes más dinero que tiempo, entonces ya sabes que puedes hacer remodelación y venta, puedes comprar para rentar o ser prestamista. De igual manera, puedes entrar en Facebook y buscar grupos de estos tipos de inversión en bienes raíces en tu ciudad, como por ejemplo, "remodelar casas en Orlando", "comprando casas de alquiler en Phoenix", etc.

Punto de acción

Vamos a ir tomando acción en la medida de lo posible. Entonces, haz una pausa en este momento, entra en Facebook y métete en varios grupos. Te aseguro que así le vas a sacar mucho más provecho al libro.

Ahora vamos a hablar sobre el tipo de entidad legal con la que puedes desarrollar tu negocio de bienes raíces. Lo más simple y rápido es hacerlo a tu nombre, y de esa manera no tendrías que invertir ni tiempo ni dinero para formar otras entidades. El costo inicial sería mínimo. Sin embargo, podrías quedar expuesto tanto legal como impositivamente.

Por ejemplo, vamos a decir que alguien se lastima en una casa que tienes rentada (casa número uno) y te demandan. El juez podría sentenciar que tienes que pagar por los daños vendiendo esa casa. Pero resulta que si la demanda es suficientemente alta, el juez también podría decir que tienes que vender tu casa número dos para satisfacer esa sentencia. Si formas una empresa ("entidad uno") destinada solamente para una propiedad, una demanda como la del ejemplo solo podría afectar a esa propiedad (que sería la entidad uno). No afectaría tus otras propiedades.

Si formas una empresa vas a necesitar una inversión inicial. Sin embargo, una de las ventajas más grandes de tener una empresa como dueña de tus propiedades es la protección legal que puedes tener. Su exposición es bastante menor, comparado a cuando tú eres el dueño. Otra ventaja es el anonimato que te puede dar si usas una empresa en vez de tu propio nombre. Es mucho más difícil que te demanden si ni siquiera saben quién es el dueño de la propiedad.

Además, de igual manera puedes tener ventajas desde el punto de vista impositivo, ya que puedes deducir varios renglones como gastos de la empresa. En este punto es recomendable que hables con un experto en impuestos en bienes raíces (si es inversionista, mejor todavía).

La mejor estructura legal depende de lo que se ajuste a tus necesidades en cuanto al tamaño de tu negocio y dependiendo del nicho que decidas trabajar. Tienes que considerar la protección legal e impositiva que puedes tener en ambos casos. Sin embargo, basado en mi experiencia, mi recomendación sería formar una empresa de responsabilidad limitada en el estado de Wyoming, ya que da anonimato porque los dueños no son registrados en ningún lado. Es tu primera línea de protección contra abogados sin escrúpulos que solo buscan las presas fáciles.

Como dije antes, es recomendable también colocar tus propiedades dentro de sus propias empresas o como máximo de 2 a 3 propiedades por empresa. De esa manera, si alguien te demandara por alguna de esas viviendas las otras no se verían afectadas, ya que su dueño no eres tú ni tu empresa principal. Solamente sería afectada la empresa dueña de esa propiedad específica. Así, estarías conteniendo el problema y a su vez minimizando el riesgo de que te demanden. Recuerda que los abogados sin escrúpulos solo buscan las presas fáciles. Protegiéndote bien desde el principio minimizas ese riesgo.

Por último, cada una de las empresas que son dueñas de cada propiedad estarían dentro de tu empresa de Wyoming, y de esta forma no serías tú el dueño de nada legalmente pero controlarías todo. Esta es una lección súper importante, no seas el dueño de nada pero controla todo. De todos modos, te recomiendo consultar con tu abogado y tu contador sobre estos puntos.

La estructura legal sería algo así:

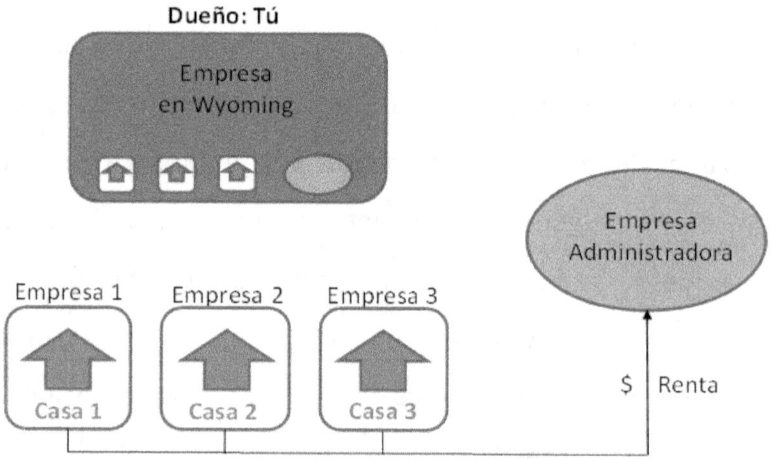

Cada casa está dentro de su propia empresa de responsabilidad limitada. Existe también una empresa de administración por donde se reciben los pagos de la renta de cada inquilino y se pasan todos sus gastos deducibles. Luego tenemos la empresa formada en Wyoming, de la cual tú eres dueño. Esta organización sería entonces la dueña de todas las demás empresas, con sus respectivas propiedades. Alternativamente, también puedes utilizar otra entidad llamada fideicomiso (o *trust* en inglés) para que sea dueña de tu empresa en Wyoming y luego tú serías el dueño de ese fideicomiso. Te recomiendo hablar de estos términos con tu contador y abogado, porque de esta manera estarías más protegido legal e impositivamente.

Te quiero decir una cosa sobre la estructura legal que deberías usar. Hay muchos tipos de estructuras que puedes utilizar en tu negocio, pero como ya viste lo más importante es estar protegido legal e impositivamente. Considera entonces constituir una empresa en el estado de Wyoming y poner cada propiedad que tengas, o máximo dos o tres propiedades, dentro de empresas separadas, y que estas a su vez estén dentro de la empresa de Wyoming.

Llegamos entonces a quienes componen tu equipo. Hay varias personas que pueden formar parte de tu grupo de trabajo, pero los más comunes son el contratista, un abogado, un contador y un buen administrador de propiedades. Es muy importante que este personal sea recomendado. Pregunta acerca de ellos y pide ver resultados de su trabajo. Ve el trabajo y los acabados de un contratista. Verifica que el abogado no solo te pueda ayudar a preparar los documentos sino también con procesos legales. También es importante que el contador sea una persona o compañía de mucha experiencia, ya que te ayudará con tus declaraciones de impuestos y necesitas que sea capaz de minimizar tu carga impositiva. Asegúrate que tu administrador de propiedades no solo gerencie a tus inquilinos, sino que también pueda ayudarte a buscar inquilinos nuevos cuando sea necesario. Además, sería bueno relacionarte con otros inversionistas, ya que puedes aprender de ellos y pueden ayudarse mutuamente.

Ahora bien, ¿dónde puedes conseguir ese equipo? En mi experiencia, son muy importantes para tu éxito; por lo tanto, deberías tener gente buena, honesta y experimentada. Eso te va a ayudar bastante en el futuro y no es algo que pueda cuantificar fácilmente, pero hay muchas historias de personas que han perdido bastante dinero por no tener los profesionales adecuados en sus equipos. Mi recomendación es buscar un buen contratista que venga de alguien acreditado, como un agente de inmuebles que conozcas. Ahora, ¿por qué no usar el contratista de otros inversionistas? Por la simple razón de que una vez que consigues a alguien bueno y con quien ya aprendiste a trabajar, no quieres perderlo. Y si se lo recomiendas a otro inversionista, quizás se vaya con él y no vuelva más contigo. Entonces ellos tampoco van a querer referir el que ellos usan. Abogados, contadores y otras personas de tu grupo sí pueden venir recomendados de otros inversionistas. Simplemente pregunta en tus grupos de inversión en Facebook, por ejemplo, los que ellos usan. Para conseguir un buen administrador de propiedades puedes ir directamente a alguna propiedad parecida a la tuya (o a la que piensas comprar) y preguntarles si ellos te pueden dar el contacto de la persona que administra sus propiedades. No te quedes con una sola opción. Pregúntales también a tus amigos inversionistas sobre las personas que ofrezcan el mejor servicio, no necesariamente el más barato.

Por último, para contactar más inversionistas lo primero que tienes que hacer es meterte en grupos de inversión en Facebook, Instagram o Meetup.com.

Antes de buscar saber cuánto cuesta una remodelación hay que saber qué es lo que se debería remodelar y qué materiales se deberían comprar para los acabados. Los espacios más importantes, que traen más retorno de tu inversión, son la cocina, los baños y el piso.

Hay que considerar el presupuesto siempre para remodelar solo lo necesario. Uno de los problemas más comunes es querer cambiar todo y dejarlo como a ti te gustaría que quedara. La realidad es que haciendo esto, muchas veces terminas gastando demasiado. Por eso debes empezar con el fin en mente, trazando un plan después de hablar con tu contratista. Para aprender más rápido sobre este punto puedes pedirle ayuda a contratistas y otros inversionistas.

El valor de mercado es un número muy importante, porque a través de él nos regimos para saber cuánto podemos ganar en un negocio o cuánto valor intrínseco tiene una propiedad. Para saber el valor de una propiedad unifamiliar necesitamos el valor de propiedades comparables que hayan sido vendidas cercanas a la vivienda en cuestión. Esto significa, a manera de ejemplo, que si las casas alrededor fueron vendidas por $255.000,

$252.000 o $248.000, tu casa muy probablemente va a estar cerca de los $250.000. Le puedes pedir ayuda a un agente inmobiliario para que aprendas el proceso directamente.

Para poder calcular el valor de mercado se pueden usar datos de tu localidad de propiedades vendidas en los últimos 6 meses. Los parámetros usados son el área de esas viviendas, que debe estar entre más o menos 10% del área de la casa en cuestión, y se deben haber vendido a una distancia aproximada de medio kilómetro a 1 km de la casa analizada. También, el año de construcción debe ser de no más de 5 años hacia atrás o hacia adelante del año de construcción de la vivienda en cuestión. De tal manera, no son comparables una casa construida por ejemplo en 1978 y otra construida en 2015, a pesar de poder tener el mismo metraje de construcción. Podemos hacer un ejemplo, vamos a asumir que la propiedad analizada es una casa de 120 m^2 que fue construida en 2010 y tiene 3 habitaciones y dos baños. Algunas propiedades vendidas en los últimos 6 meses en el área cercana a la vivienda en cuestión son, por ejemplo: una casa de 115 m^2 construida en el 2008 con 3 habitaciones y dos baños vendida por

$195.000; una casa de 128 m^2 construida en el 2012 con 3 habitaciones y dos baños vendida por $210.000 y una casa de 118 m^2 construida en el 2010 con 3 habitaciones y dos baños vendida por $200.000. Vamos a asumir que estas 3 casas fueron remodeladas recientemente y que tienen acabados parecidos. De esa manera, podemos calcular el precio del metro cuadrado de construcción. En este ejemplo ese metro cuadrado de construcción, en promedio, es de $1.696 para la casa 1, $1.641 para la casa dos y $1.695 para la casa 3. El promedio del valor del metro cuadrado en esa zona entonces es de $1.677, por lo que el valor de nuestra propiedad estaría situado en aproximadamente $201.000 (1.677 x 120). Pero como ese es un valor aproximado, para redondear este valor, podemos decir entonces que el valor de esa propiedad estaría entre $200.000 y $205.000.

Si tu objetivo es comprar propiedades para remodelarlas y venderlas entonces es importante que sepas cuánto deberías pagar por la propiedad. Para calcular este *valor máximo de oferta* existe una fórmula que está basada en el valor de mercado y el costo de remodelación. Esta fórmula es: oferta máxima es igual al valor de mercado después de reparaciones por 70% menos el costo de la remodelación.

$$\text{Oferta Máxima (OM)} = (\text{Valor de Mercado (VM)} \times 0.7) - \text{Reparaciones (R)}$$

De esta manera podemos hacer un ejemplo. Vamos a asumir que después de haber visto la propiedad con tu contratista, notaste que el costo de la remodelación es de 35.000 dólares. Además, después de analizar el mercado con ayuda de tu agente de bienes raíces, te diste cuenta que el valor de mercado es de aproximadamente 170.000 dólares. Si usamos la fórmula expuesta aquí arriba entonces nos damos cuenta que el 70% de 170.000 − 35.000 da un resultado de 84.000 y esa sería tu oferta máxima. Hay que tener en consideración que en la medida que tengas más experiencia y que estés más familiarizado con un área geográfica específica, puedes tener una mejor apreciación de los costos y de esa manera ofrecer un poco más del valor de oferta máxima. El conocimiento geográfico también puede afinar tu visión de negocios, ya que de esta manera puedes crear apreciación forzada, sabiendo lo que tiene más valor en esa área. Un ejemplo de este caso es cuando la propiedad que quieres comprar puede incrementar mucho más el valor de mercado si le añades una habitación o un baño extra.

Vamos a hacer una pequeña pausa para solidificar los términos de esta última parte sobre la oferta máxima al comprar una propiedad. Es muy importante que te aprendas esta fórmula. Es una fórmula simple que hay que recordar: tu oferta máxima entonces es el 70% del valor de mercado menos el costo de las reparaciones. De esa manera tienes que saber cómo calcular el costo de la reparación y cómo calcular el valor de mercado. Haz una nota mental de que tienes que saber el costo de las reparaciones con un buen contratista y tienes que saber o averiguar el costo del valor de mercado utilizando un buen agente de inmuebles.

Mercadeo y ventas

Ahora, es importante definir el tipo de negocio que es bienes raíces. La respuesta es que bienes raíces es un negocio de mercadeo y ventas. Uno podría pensar que el negocio son las propiedades en sí, pero la realidad es que sin mercadeo y ventas no hay negocio.

El mercadeo en bienes raíces consiste en las estrategias para poder adquirir o vender propiedades. Es un poco atípico, pues la mayoría de los negocios basados en mercadeo se concentran en vender un producto o servicio. En cambio, en bienes raíces el trabajo de mercadeo más importante consiste en captar dueños de propiedades y negociar directamente con ellos. Hay un dicho que dice "uno hace el dinero en la compra", lo que significa que negociando directamente podemos obtener los mejores términos de una transacción. Como inversionista, el mercadeo se trata de comprar o negociar directamente con el dueño de una propiedad. Como agente de inmuebles, normalmente el mercadeo se trata de las estrategias para vender o rentar una propiedad. Las ventas se tratan de la transacción que existe al intercambiar dinero por una propiedad, y en el caso de bienes raíces se refiere a la venta o renta de una propiedad.

El mercadeo que vas a hacer depende del tipo de público que quieras captar. Hay bastantes tipos de dueños con diferentes motivaciones para vender sus propiedades. Esos tipos de vendedores se encuentran en listas que puedes adquirir, ya sean pagas o gratis. Las listas más difíciles de encontrar producen los mejores resultados.

Los ejemplos más comunes son las listas de personas de más de 65 años, personas atrasadas en el pago de los impuestos de la propiedad, personas atrasadas en el pago del banco, personas que se están divorciando o personas en bancarrota. Escoge un público específico en el que te puedas enfocar y elabora tu mensaje para ese target. Luego de ese paso hay que hacerle llegar el mensaje escogido a tu público.

Para eso hay diferentes formas de hacerlo. Una manera es colocar avisos publicitarios de calle. Esto es muy común y da buenos resultados. Define la zona de acción donde empezarás a comprar propiedades, porque será allí donde vas a colocar los anuncios. Los que tienen más impacto son los de fondo amarillo con letras negras o los de fondo blanco con letras rojas. También tienen mucho impacto los avisos que son hechos a mano en vez de impresos. Una recomendación es que busques imprentas que impriman tu mensaje en letras que hagan parecer el texto como escrito a mano. Es importante denotar que este tipo de aviso también puede requerir permisos de esa localidad. Hay mucha gente que, en vez de pedir permiso, simplemente coloca los avisos el viernes y los quita el domingo, ya que muchos inspectores de la ciudad no trabajan estos días. Esto no es una sugerencia, pero es algo que sé que otras personas han hecho. Ten eso en cuenta antes de poner miles de avisos por todos lados.

Otra forma muy usual para contactar posibles vendedores es mandar tarjetas postales. Esto es conocido también como correo directo. Puedes llegar a grandes números de posibles vendedores utilizando este tipo de mercadeo. Mandar tarjetas postales o correo directo es una práctica común entre inversionistas de bienes raíces. Tu mensaje puede ser algo como "compramos su casa rápido en efectivo". Lo importante aquí es la cantidad que mandas y la cantidad de veces en total que le mandas tu mensaje a cada persona. Es un principio publicitario que las personas necesitan ver un mensaje varias veces antes de tomar acción. El promedio para bienes raíces es como mínimo cuatro veces y puede ir hasta 12 veces. Te recomiendo usar una herramienta que tengo para enviar postales gratis, solo pagas el costo de las estampillas. Ingresa a este link y sigue las instrucciones: www.bannerseason.com/8ec77bdVF.

Otra manera es trabajar con intermediarios que negocian directamente con posibles vendedores. Ellos se encargan de buscarlos haciendo mercadeo de diferentes tipos. Por lo general, estos intermediarios venden sus prospectos por una suma fija. Cabe destacar que ellos no negocian con los vendedores, solo los captan y después venden estos posibles contactos por una suma fija.

La propaganda en línea es un aspecto importante para captar posibles vendedores de propiedades. Sin embargo, mi recomendación es probar tu mensaje y medir los resultados hasta encontrar uno con buenos resultados y hacer esta parte con herramientas gratis en redes sociales. Una vez encontrado ese mensaje efectivo, puedes considerar invertir en propaganda paga en Google,

Facebook o LinkedIn. Acuérdate que la idea es hacer crecer tus resultados y hacerlo de la mejor manera posible. Recuerda que tu éxito en encontrar buenos negocios viene dado en gran parte por la cantidad y calidad de tus mensajes, así como las estrategias que uses, así que te recomiendo tener varias vías de mercadeo.

Lo más importante es saber que tu negocio depende del mercadeo que hagas. El mercadeo es una máquina de hacer dinero, si la usas bien vas a tener un negocio grande. Por lo tanto, tienes que tener varias formas de mercadeo. El aspecto más importante es medir los resultados. Esa es la manera en que vas a saber cuáles mensajes tienen los mejores resultados y cuáles pueden ser mejorados.

Existen muchas maneras de conocer a inversionistas, pero las mejores son las siguientes. Puedes ingresar en grupos de Facebook que sean relativos al tipo de negocio en el cual te quieres desarrollar. Si quieres saber de propiedades de renta en Orlando, FL puedes buscar este grupo en Facebook "Cómo Comprar Propiedades de Renta en Orlando" o "Bienes Raíces en Orlando". No se trata de ingresar y ya. Participa, comenta, pregunta. Acuérdate que conocer personas es un proceso interactivo.

Otra manera es ingresar al sitio www.meetup.com y asistir a reuniones de estos grupos. Dependiendo del tamaño de la ciudad donde te encuentres, vas a poder participar de muchas reuniones presenciales o virtuales. Así tendrás la oportunidad de conocer personas en tu industria. Estos eventos suelen ser frecuentados por gente con diferentes grados de experiencia. Busca personas con las que puedas entablar una relación de ayuda mutua.

También puedes ver si existen asociaciones de inversionistas en tu ciudad. Puedes considerar hacerte miembro de alguna de ellas y así conocer más gente de la industria. Estos son grupos más establecidos, donde participan bastantes personas. En general, muchos de estos grupos tienen el objetivo de promocionar algún tipo de evento. Sin embargo, las reuniones pueden ser usadas para conocer más gente que incluso pueda llegar a formar parte de tu equipo.

Verifica también si hay eventos de bienes raíces cercanos a ti. A pesar de ser usualmente reuniones grandes y pagas, podrías conocer personas para integrar tu grupo de trabajo, además de adquirir conocimientos específicos.

En esta sección hablamos de mercadeo y ventas. Esto es súper importante, ya que sin mercadeo no hay negocio. La única manera de que tengas un negocio estable es tener un flujo de caja constante. Por supuesto, esto va a depender de tu objetivo. Si quieres ganar 1.000 dólares extra cada mes, entonces tu objetivo podría ser encontrar de dos a cuatro propiedades para rentarlas y lograr ese extra. Si quieres dedicarte de lleno a los bienes raíces, entonces vas a necesitar más flujo de propiedades, y por eso necesitas hacer mercadeo.

Ideas finales

Entrando a las ideas finales, podemos decir que tienes que estar al tanto de ciertas cosas que van a afectar tu desempeño. Va a haber momentos en los que no parecerá que estés avanzando, y para que no te frustres y abandones tu carrera de inversionista te puedo hacer las siguientes recomendaciones.

• Toma una pausa y despeja tu mente. Esto puede ser por unos días, o inclusive por algunas semanas. Lo importante es regresar con una nueva actitud hacia tu carrera de inversionista.

• Estudia. Lee y aprende de otros que ya han tenido éxito. Esta es una de las herramientas más rápidas para seguir la experiencia de otros sin que te cueste demasiado.

• Busca un mentor, esa persona que puedes imitar y a la que puedes recurrir cuando tengas problemas. Acuérdate que el mentor no tiene por qué ser una persona inalcanzable. De hecho, debería ser una persona cercana a ti, con la que puedas compartir con cierta frecuencia y que esté disponible para hacerle algunas preguntas claves.

• Mantén tus expectativas realistas. Trázate metas grandes, pero si no las cumples en un cierto tiempo no te preocupes, simplemente reajusta el tiempo y sigue tu camino hacia adelante. Usa la frustración de no llegar a tu meta como combustible para seguir intentándolo.

- Aprende a delegar para poder hacer crecer tu negocio. Hacer todo no es sano y no te permite crecer. Seguramente eres bueno en algunas cosas que puedes usar en tu negocio, pero de la misma manera seguramente no eres el mejor en otras categorías, y son esas donde debes buscar la ayuda de un experto. Te vas a ahorrar muchos dolores de cabeza y ganarás tiempo para dedicarle a aquellas que son tu fuerte.

- Tienes que ser más antisocial y usar menos el celular y tu computadora, así tendrás menos estrés por no tener que responder a todos tus mensajes de texto, y además estarás enfocado para avanzar con grandes pasos en tu negocio. Estar enfocado es clave cuando quieres avanzar en algún proyecto.

- Quédate con los amigos que sean positivos, gente que sea tu promotor. Deja a las personas negativas a un lado, ya que te quitan tu energía. Al principio es bueno concentrarte en tu progreso, y las personas que no están alineadas con ese progreso es mejor ponerlas en pausa. Si son tus familiares, síguelos queriendo, pero de lejos; y si son tus amigos, quizás es hora de buscar nuevos amigos.

• Deja la televisión a un lado. Minimiza la cantidad de tiempo que pasas mirando televisión. Las noticias, películas, series y otros programas están diseñados para distraer. Muchos de sus mensajes son negativos y es fácil sumergirse por horas. Además, solo crea ruido, no te deja pensar y ser creativo.

• Lo más importante es recordar que la vida es un juego y que la puedes disfrutar sin que sea tediosa.

Vamos a resumir lo que hemos visto hasta ahora. Hablamos de los términos básicos usados comúnmente en la industria, y a pesar de que existen muchos más de los vistos aquí, por lo menos tienes una base. Hablamos de los tipos de propiedades que existen, o sea, residenciales y comerciales. Dijimos las ventajas y desventajas de comprar propiedades residenciales y también propiedades comerciales.

Entre las ventajas más importantes de las propiedades unifamiliares está su mejor apreciación en el tiempo y su facilidad para deducir su valor de mercado. Entre las ventajas de las propiedades comerciales las más importantes son que el ingreso producido por ellas es generalmente más estable, ya que si un inquilino deja de pagar los que quedan todavía lo hacen, y además el trabajo que se pone al principio para hacer el negocio es similar al que se pone para hacer un negocio de compra de una propiedad unifamiliar, lo que lo hace más efectivo. También explicamos por dónde empezar, que puede ser ingresando a grupos de Facebook, Instagram y Meetup.

Según los recursos de tiempo y dinero que tengas puedes escoger un tipo de negocio, ya sea remodelar y vender, comprar propiedades y rentarlas, vender contratos o ser prestamista. Vimos que teniendo más tiempo podrías dedicarte a vender contratos o asociarte con inversionistas que tengan más experiencia, mientras que teniendo más dinero podrías remodelar y vender, comprar propiedades de renta o ser prestamista.

Espero también que pienses en la mejor manera de invertir, ya sea como empresa o como persona individual. Mi recomendación es usar una estructura que te proteja legal e impositivamente. El ejemplo que vimos es que para estar más protegido, hay que estar en el anonimato. Mientras menos fácil te encuentren en los registros, mejor para ti. Por eso vimos que puedes formar una empresa en Wyoming y esta puede ser la dueña de tus otras empresas, que a su vez son dueñas de tus propiedades.

Puedes empezar a buscar tu equipo, que debería incluir un abogado, un contratista, un administrador de propiedades y otros inversionistas. Luego vimos que puedes adquirir experiencia sobre la remodelación, los materiales usados y sus costos, relacionándote con otros inversionistas y contratistas.

También vimos cómo calcular el valor de mercado de una propiedad residencial y aprendimos cuánto sería la oferta máxima que puedes hacer para comprar la propiedad y hacer un buen negocio. Viste que un negocio de bienes raíces es en realidad un negocio de mercadeo y ventas, y que sin mercadeo y ventas no tienes negocio. Por lo tanto, tienes que dedicarle tiempo a hacer mercadeo, y eso va a depender del enfoque que tengas. Puedes usar avisos de calle, tarjetas de presentación, enviar tarjetas postales por correo y varias maneras más. Lo importante en este caso es definir tus objetivos.

Por ejemplo, para generar un ingreso extra de 2.400 dólares puedes hacerlo con 8 propiedades que generen 300 dólares cada una. Si tu objetivo es generar un ingreso extra mensual tu estrategia de mercadeo puede ser contactar a alguien como un agente de inmuebles y comprar varias propiedades en lugares donde exista una buena dotación de inquilinos, donde haya buenas escuelas y centros de trabajo. En cambio, si tu objetivo es generar dinero en volúmenes cada vez más altos pero no dispones de mucho dinero y quieres hacer mercadeo, entonces la recomendación es asociarte con algún inversionista y aprender de su experiencia. Tienes que estar dispuesto a poner el trabajo necesario. Piensa que estás adquiriendo una educación práctica a cambio del trabajo que le das a ese inversionista.

Estamos llegando al final del curso, pero no sin antes hablar de los próximos pasos que puedes ir tomando. Espero que este texto se convierta en algo práctico y que no se quede solo en la teoría. Mi intención es que puedas lograr invertir de una u otra manera en bienes raíces, sin importar el tamaño de tu inversión o ganancia. Como cualquier negocio, esto requiere invertir en ti y en tu aprendizaje. Aprende de libros, de biografías, escucha podcasts, ve videos o películas de gente exitosa. Sigue los pasos de la gente que quieres imitar. Una de las recomendaciones más importantes es la de buscar alguna persona a quien imitar, de quien puedas aprender. A través de su experiencia vas a entender cómo llegar más rápido, pues la idea es aprender de sus errores. La inmersión es súper importante en esta nueva etapa de tu vida. Júntate con una persona (o varias) que ya haya obtenido los resultados que tú quieres y luego trata de conectar con esa persona así sea leyendo un libro, viendo algún video en YouTube o participando de una clase que esté dando. Lo ideal es que sea alguien que esté a tu alcance, que puedas invitar a tomar un café y preguntarle acerca de su experiencia personal. Me parece que así vas a poder aprender mucho más y mucho más rápido porque lo vas a ver como algo tangible, real.

Te toca entonces definir tu nicho de acción. Recuerda que la regla más importante sobre bienes raíces es la ubicación (o como dicen en inglés, *location, location, location!*). Aquí puedes buscar zonas con buenas escuelas y buenos centros de trabajo. Define también tus zonas geográficas, el tamaño de la propiedad, cuántas habitaciones y baños debería tener según tu criterio de compra, etc.

Empieza por Facebook, porque esto es lo más fácil. Date a conocer comentando en el progreso de otros. Puedes inclusive comentar según lo que tú has aprendido o sobre alguna pregunta específica que tengas. La mayoría de las personas en estos grupos tienen ideas o recomendaciones muy útiles.

Por último, analiza bien tus recursos disponibles para escoger bien tu nicho de acción. Analiza y ve las ventajas y desventajas de cada tipo de negocio como remodelar y vender, remodelar y rentar, etc. Remodelar y vender puede sonar familiar por los programas de televisión pero es una actividad que requiere tu participación activa. Comprar para rentar requiere menos participación, pero necesita una inversión inicial considerable. Al final, todo depende de tu situación y necesidades.

Espero que hayas disfrutado de tu curso básico en bienes raíces. Ten presente que ningún curso, clase o libro que leas tiene importancia si no tomas acción. La vida es un juego, vas a cometer errores, tómalo con calma, disfruta el camino. Recuerda las razones por las cuales quieres generar más ingresos y también que invertir en bienes raíces es una de las mejores formas de hacer dinero de una manera estable y lucrativa. Invirtiendo en bienes raíces puedes cambiar tu vida y la de tus seres queridos. Sin embargo, sin acción no importa nada de lo que aprendas, así que toma la decisión. Mucha gente se queda analizando los pros y contras y no avanza. Analiza, pero da pasos hacia el frente, así sea un paso pequeño.

Espero verte en nuestros próximos libros y cursos. ¡Tu camino en bienes raíces apenas está empezando! Otra cosa, si quieres formar parte de nuestro círculo puedes ingresar a nuestro grupo de Facebook, que se llama *"Invirtiendo en Bienes Raíces en EUA"*. También te invito a que me sigas en mi cuenta de Instagram *@leso195*, en Facebook via *https://www.facebook.com/luis.salavarria.35*, en Tik Tok como *@luissalavarria247* y en mi canal de YouTube *Luis Salavarria*. En todas estas redes vas a encontrar bastante información útil para tus inversiones y además me puedes contactar directamente. ¡Buena suerte y buenas inversiones!

www.ingramcontent.com/pod-product-compliance
Lightning Source LLC
Chambersburg PA
CBHW071453150726
48000CB00006B/2550